En Noches Oscuras de Melancolía

Oscar Eduardo Licon

Publicado por Oscar Eduardo Licon, 2024.

En Noches Oscuras de Melancolía.

Publicado por primera vez, 19 enero 2024.

¿Son poemas o frases en desequilibrio?

Una ilusión de amor

El amor es algo complicado. El amor es difícil de entender. El amor es un sentimiento que no queremos que termine. Hay días que sientes "mariposas" en el estómago de tanto que te gusta una persona. Te sientes contento al estar con ella. Que maravilloso es eso del amor. Aún más bonito es cuando te ilusionas por esa persona. Pero solo fue una ilusión nada más.

Navegaré

Yo navegaré como marinero por todo el mar,
Te buscaré sin miedo de que no te pueda encontrar.
No importa si hay tormentas y vientos fuertes en el mar,
Yo solo tengo un objetivo y es mi destino encontrar.

Quizás te pueda encontrar en Santa Lucía.
Quizás por la corriente de las Islas Canarias.
Quizás bucearé por la fosa de las Marianas,
Con la esperanza de que ahí te pueda encontrar.

No me rendiré y navegaré por todo el mar,
Sin importar cuantas veces tenga que remar.

4

Me sonríes

Me sonríes cada vez que te miro
Y alborotas todos mis sentidos.
Me ilusiono cada vez que te miro
Y no sé cómo me estabilizo.

En las mañanas me saludas
Y no sé cómo hablarte en un latido,
Con un solo suspiro,
Mis palabras quedan en el olvido.

Historia de amor

Porque no te quedas un poquito más despierta,
A ver a dónde nos llevan las corrientes del océano.
Mira, las estrellas bailan en el cielo al verte afuera.
Mira, la luna brilla sobre las olas del mar
Y nos guía hacia una isla para explorar.

En la isla escribiremos nuestra historia de amor.
Donde todo comenzó con un beso encantador
Y en el cielo hubo un destello de resplandor.

Donde tomaste mi mano por primera vez
Y salimos de ahí siendo novios.
Qué bonito sentir esto que le llaman amor,
Y así comenzó nuestra larga historia de amor.

Te regalo

Te regalo estas flores que coloree.
En un papel sin vida que pudo florecer
Y las espinas de las rosas pudieron desvanecer.

Te regalo estas pinturas que pinte.
En los cuadros arrumbados en la pared
Y de colores decoró el vacío del ayer.

Te regalo un corazón lleno por crecer.
De un amor dispuesto a entregarse sin perecer
Y emocionarse cada vez que llegas a las seis.

Te regalo todo lo que tengo en mi ser
Y no olvides que siempre te amare.
Aunque sea la última vez que te veré,
Vivirás siempre dentro de mi ser.

Nuestro amor

Como el compositor baladista que soy,
Te escribiré una canción de amor.

Quizás le pondré de nombre: Hermosa.
Hermosa tu carita asomándose por la ventana cada día.
Hermosa es tu aura muy radiante que trae paz cada día.

Quizás le pondré de nombre: Querida.
Querida eres por tus abrazos muy cariñosos.
Querida por tu esencia que trae luz en las noches.
Querida por mi mente que no te deja de pensar.

Pero es mejor los dos escribir una canción,
Qué hable de nuestro amor.
Nuestro amor que hasta el universo se molestó,
De lo hermoso que tenemos, tú y yo.

La promesa

Te hice una promesa de amarte,
No importa la distancia a donde estés.
Te hice una promesa de quedarme,
Porque dolerá cuando no estés.

Será imprudente apostar
Que lo nuestro terminará.

Porque yo te amaré,
Aunque intenten separarnos,
Somos como sal en el mar.
Difícil nuestro amor acabar.

Poquito más

Quédate un poquito más.
Hasta que las estrellas paren de bailar
Y las luciérnagas no brillen más.

Una obra de arte hay que terminar,
Que la luz del día no tardará en acabar
Y las ideas a nuestras mentes ya no llegarán.

Yo quiero pintar de verde,
Nuestras cicatrices en un cuadro,
Para no ocultar el pasado.
Porque cada línea verde que dibujemos,
Simboliza que tan lejos hemos llegado.

Quiero imaginar estar acurrucándome contigo.
Sin miedo a nada estando en tus brazos
Y con tu calor poder sentir un alivio.
Porque cada día te amo un poquito más.

Me ilusioné

Cada vez qué pasaba, me ilusionaba.
Con su sonrisa magistral me enamoraba.
Sus ojos color miel me pasmaron
Y su voz suave me galantearon.
Hoy me ilusioné con una quiropráctica,
En el día de su graduación.

Un café helado

Empezó a sonar noviembre sin ti en la radio
En un día lluvioso en el camino al trabajo.
Con mucho sueño y un poco apagado,
En mi trabajo decidí comprarme un café helado.

Una barista nueva se encontraba en la cafetería
Con una sonrisa radiante de felicidad y alegría.
Me preguntó que cómo me llamaba y
En qué departamento trabajaba.
Le contesté con unos nervios sonriendo.

Me preparo mi café helado doble
Con leche de almendras y cuatro de vainilla.
En mi mente pensaba como el universo me ha fallado,
Con solo 20 días que me quedaban en la ciudad,
Encontré a alguien con quien me pudiera ilusionar.

Ilusionado compositor

Las letras de las hojas bailaban en el renglón
Al describir a la persona más bonita del guion.
La protagonista de una nueva historia de amor
Que fluyó de la pluma de un ilusionado compositor.

Pero poco a poco el compositor se balconeo
Al publicar varios libros de su resplandor.
El resplandor que una persona encantadora le causó
Y se fue revelando el secreto de su ilusión.

Aún no la conoce, pero ella sabe de su imaginación.
¿Cómo alguien puede inspirarse con solo una visión?
¿Cuál será el final de la historia innovadora de amor,
Escrita por la fantasía de un ilusionado compositor?

Por un pizookie

¿Cómo puedo contarte esto que yo siento?
Esto que mi corazón siente todos los días.
Me tenías nervioso con solo el hecho
De poderte conocer ese día, me derretía.

Llegó la hora de terminar las compras del día
Y al fin reunirnos para comer un pizookie.
Ordene unas copas de sangría a la mesa
Para calmar la ansiedad que me cargaba.

Cuando te tenía enfrente de mí
No supe reaccionar y emperezar una conversación.
Esa sonrisa me enamoraba aún más.
Me quede pasmado aún mas con tu belleza.
Tus ojos me cautivaban a cada segundo.

Quisiera regalarte todas las estrellas de los universos
Y las flores más hermosas de todas las primaveras.
¡Ay! ¿Qué será de este compositor tan chiveado?
Que se ha quedado aún más ilusionado.

Eres tú

Eres tú con quien yo quiero florecer.
Eres tú con quien yo quiero amanecer.
Eres tú el origen de mi felicidad.
Y también eres la melodía de mi vida.

Eres tú la luciérnaga en mi oscuridad.
Quien me tranquiliza en mi ansiedad.
Eres tú quien me levanta al tropezar.
Y también eres tú la guía de mi caminar.

Eres tú la que yo quiero amar de verdad.
Eres tú el brillo de mis ojos al despertar.

Esa sonrisa encantadora, ¡cómo me ilusiona!
Esos ojitos hermosos, ¡cómo me enamoran!
Eres tú la persona que yo tanto esperaba.

Jugar con fuego

A mí me gusta jugar con fuego.
Pasar mis manos sobre tu cuerpo,
Sabiendo de que tú no eres eterno.

Que maravillas haces con tu cuerpo.
Que tus dedos recorran mis misterios,
Y con pasión sentir tus anhelos.

A mí me gusta jugar con fuego.
Que tus besos pasen por todo mí cuerpo,
Sabiendo que lo nuestro no es eterno.

Que maravillas haces con tus besos
Y en las noches me enredas con sentimientos.
¿Cómo puedo olvidar que nosotros no somos eternos?
Si me enamoro más de ti con cada uno de tus suspiros.

Seguir atrevidos

En el zaguán, juntos en un diván
De noche y con frío, estaremos viendo el firmamento.
Quisiera prenderte la leña con mucho fervor
Y el fuego ser fruto de nuestra pasión.

Yo en tu boca me quiero perder.
Latido a latido, tu atrapas mis suspiros,
Hay que dejar el sentido y seguir atrevidos.
Hay que obrar hasta el despertar.

Memorias de desamor y melancolía

Hay días que te quedas pensando en las memorias más bonitas de tu vida. Hay otros días que te quedas pensando en esas memorias de melancolía. Esas memorias que te dañan al pensar como todo era perfecto o quizás como era la vida tan disfuncional. También puedes llegar a pensar en el desamor. El desamor es como esas lluvias que llegan de la nada, incluso en un día soleado. Es recordar los días felices que vivimos juntos con esa persona, pero luego un trueno llegó y deshizo todo. Te quedarás pensando con este sentimiento de tristeza que trae el desamor. Te preguntaras cuando terminara ese dolor del corazón.

Lo nuestro

Como las hojas secas que caen del árbol,
Lo que nos prometimos también voló.
Como la lluvia que cae del cielo,
Lo nuestro también así se derramó.

Yo te esperaba cerca de un río.
Donde bebimos un buen vinito,
Donde escribimos con un palito:
Tu eres mi gran destino.

Pero la tarde se nos marchó,
Y poco a poco el sol se despidió.
Y las estrellas iluminaron el caminito,
Donde por última vez pasamos juntos tú y yo.

Como las flores del viejo campo
Donde el agua se despidió,
Así lo nuestro se marchó
Y el caminito se desvaneció.

No quiero imaginar

No quiero imaginar que algún día volverás,
En mi cama dormirás y será con alguien más.
Yo quiero regresar el tiempo y poderte olvidar,
Aprenderme a valorar y amar a alguien más.

¿Cómo puedo olvidarte cuando me hablabas de amar?
Te disfrazas de verdades que yo quiero aún más.
Yo necesito mi tiempo para poder reflexionar,
Cómo intentaste cambiarme a tu voluntad.

En momentos pienso que te olvide,
Pero en mi mente vuelas otra vez.
En la soledad vuelvo caer,
Y mi piel te extraña otra vez.

Pero ahora sé que hay alguien más,
Que está ocupando mi lugar.

Me ilusionó más

Una vez más me perdí en su mirada.
Al mirar el esplendor de sus ojos.
Esa sonrisa como me alegra el día.
Porque cada día qué pasa, me ilusionó más.

En la mano izquierda un cigarro encendí
Para poder fumar mis sentimientos pa' fuera.
Pero cada vez que me acerco el cigarro,
El humo me recuerda mucho a ella.

En la mano derecha me serví un shot de tequila
Para poder tomarme mis sentimientos pa' dentro.
Pero cada vez que pruebo el alcohol un poco,
El sabor me recuerda mucho a ella.

Me cuesta tanto no romantizar lo nuestro,
Cuando en realidad no debería hacerlo.
¡Qué confuso es esto de lo no correspondido!
Que cada día me deja más un poco confundido.

Soñar en ti

Soñar en ti debe ser mi pasatiempo favorito.
Sin motivos te pienso aún más.
Aunque yo te quiera olvidar,
Este sentimiento crece aún más.

Me pregunto cuándo terminará.
Ya no puedo más seguir en esta fantasía.
Yo solamente me hago daño en pensar en ti,
Que puedo hacer para olvidarme de ti.

Segunda estrofa

Dolerá esa herida que dejaste
Y un llanto junto al mar se oirá.

Las estrellas bajaran a consolarme
Y la luna con su brillo me guiara,
A lugares más felices muy lejos de ti.

La segunda estrofa, yo te dedicaré.
Porque segunda opción de alguien, no seré.
Aprendí a valorarme y no depender de nadie,
Ya que todo lo que me decías era una mentira.

Te fuiste con el viento

Me levanto y no te siento,
Me pregunto en dónde te encuentro.
Te me fuiste en un momento,
Cómo alcanzarte si te fuiste con el viento.

Mis amigos no entienden lo que siento.
Sin tus abrazos y tus besos, esto es un infierno.
Dejaste en mis sábanas tu mejor atuendo,
Como olvidar lo que tuvimos en ese invierno.

Once meses

Me dejaste hablando con el viento
Y mi corazón se está desvaneciendo.
Yo no sé qué hacer en este silencio,
No entiendo qué pasó en el momento.

Hay lagrimas cayendo de mi rostro
Y el sol alejado de lo nuestro.
Cada ramo de flores en la mesa,
En unas pocas horas se marchitaban.

Explícame qué pasó.
Todo lo que hice mal.
Explícame cómo surgió,
Entre nosotros el distanciamiento.

Porque me dejaste de amar.
Si cada noche le pedía a la luna,
Que lo nuestro durará una eternidad.
Que durará para siempre
Y solo duro once meses.

Mi reflejo gris

Me siento sola y no estás aquí.
Cierro mis ojos y pienso en ti.
Miro al cielo y me recuerda a ti.
Como me duermo sin tu calor aquí.

Dejaste en mi almohada tu perfume gris.
Aquel que usaste para decir que sí.
Cuando nos prometimos ser eternamente feliz,
Como poder olvidar ese momento feliz.

Pero la tormenta no le importó,
Destruir todo lo nuestro en un abril.
Donde plantamos una semilla en nuestro jardín,
Que ansiosos esperábamos para un enero feliz.

Ahora estoy sola y ustedes no están aquí.
Olvidada en una casa lejana en San Luis.
Junto a la ventana donde me imaginé verlos feliz,
Y ahora solo veo mi reflejo gris.

En mi casa

En mi casa están las flores,
Marchitándose en la mesa.
En las mañanas me espera,
Un llanto que no cesa.

En las noches las estrellas
Me recuerdan sobre ella.
Mi corazón late a la espera,
Al mensaje que no llega.

Cuando la luz de mi cuarto se va,
Veo por mi ventana la oscuridad.
Miro al cielo y la luna se va.
Solamente me acompaña mi soledad.

Dónde estás

No te vayas otra vez porque este silencio no es bueno.
Te alejas y me dejas sin aliento, dime dónde estás.
La luna del cielo se apaga y el sol se rinde otra vez.
Y aun así no podré vivir, sin saber dónde estás.

Vuelve a mi porque no sabes cuánto te extraño.
Tus eras para mi todo el universo.
Te quiero ver sonreír en mis brazos otra vez,
Así como la primera vez que nos enamoramos.

¿Cómo estoy yo?

No me pidas volver a tus brazos otra vez.
No me siento seguro cuando estoy a tu lado.

Para que me pides perdón, si mi corazón dejaste roto.
Solo daño me trae tu amor, con el que me ilusionaste.
Ya no me quiero ilusionar, como la primera vez de ti.

¿Cómo le digo a mi corazón?
Que se olvide de tu amor.
Me has causado tanto dolor.
Mírame. ¿Cómo estoy yo?

Ahora estoy llorando por ti,
Con la soledad envuelta sobre mí.
Ya es muy tarde para pedir perdón.
Mírame. ¿Cómo estoy yo?

Sobre color rojo

Mi error fue enamorarme a primera vista.
Mi error fue entregarle todas mis sonrisas.

Cada uno por su lado, alejados por kilómetros.
Esta distancia sanará este corazón enamorado,
Que fue necio a aferrarse a esas fantasías.

No sabía que ese sobre color rojo con una pregunta,
Cambiaría nuestra amistad al punto de bloquearnos.
Mi error fue aferrarme a lo que nunca existiría.

Pensar en ti

Cuando me pregunten a donde voy,
No les diré que me fui de viaje por ti.
Junto a la ventana me sentaré en el avión,
Pero no es para mirar el cielo y pensar en ti.

Yo navegue por todo el mar buscándote a ti,
Pero tú no querías nada conmigo en sí.
Ahora yo me voy de viaje por todo el mundo
Para no pensar profundamente en ti.

Un alcohólico anónimo

Hoy tomé al mirar una foto tuya.
Un shot de tequila por cada sonrisa causada,
Cada vez que tú te me acercabas.
Un shot de whiskey por cada situación romantizada,
Que aún más ilusionado me dejaba.

La botella de mezcal a mi diestra está,
Lista para ayudarme a olvidarme de ella.
Pero cada vez que le tomo al mezcal,
Solamente me puedo acordar de ella.

¡Qué confuso es esto de lo no correspondido!
Que me deja mucho más herido.
Quizás sea mejor ser un alcohólico anónimo
Listo para dejar este fastidioso vicio.

Pensamientos solitarios de noche

Hay noches donde tu mente está ocupada pensando en cómo serían las cosas diferentes. Diferente si te hubieras quedado callado, quizás aun esa amistad hubieras salvado. Diferente si estudiaras en otra parte del estado o quizás del país. Hay noches que te quedas pensando como tu vida seria si tu familia no hubiera cambiado. Te imaginas en la casa que rentaban tus papas en aquel lugar que tanto extrañas. Esos paseos por las colonias y ciudades que te vieron crecer. Esas personas con las que asististe en la primaria y ya no volviste a ver. Te preguntas que fue de ellos. Hay noches que te quedas pensando como seria si fueras más extrovertido, sin miedo de pedirle a esa persona su número. Hay noches donde los pensamientos con tu amiga la soledad te hace llorar. Pero hay noches de soledad donde recuerdas los bellos momentos de la vida y por lo que puedes aun desear.

Este frio

Llegó la primavera y aún sigo usando mi abrigo,
Que me ha acompañado todo el invierno,
Junto a mi botella favorita de vino.
No sé porque me aferré tanto a estar en este frío.

Quizás sea porque sigo esperando un mensaje improviso
Quizás sea por pasar tiempo con personas
Que no harían lo mismo conmigo.
Compré plantas falsas para intentar recuperar mi espíritu,
Pero extraño andar contándoles el chismecito.

Ahora estoy aquí, escribiendo un "poema",
Llorando un rio junto a la ventana de mi recámara.
Como quisiera estar gozando de la primavera,
Pero aún más cerca de casa.

Había un lugar

Había un lugar que yo llamaba hogar.
Donde había harmonía y paz,
Pero ahora solo hay inestabilidad.

Había un lugar que yo llamaba hogar.
Donde me sentía muy apreciado,
Pero ahora soy de lo más despreciado.

Había un lugar que yo llamaba hogar.
Donde no había avaricia en ese lugar,
Pero ahora existe ese gran afán.

Me da tristeza que existía un lugar,
Donde yo podía estar en tranquilidad
Y yo le podía llamar mi hogar.
Pero ahora se convirtió en un lugar,
En donde yo no quiero estar.

Domingos estructurados

Quisiera volver a aquellos domingos estructurados,
Sabiendo de lo que de mi día consistía.
Empezar por alistarme a las seis de la mañana.
Usar mi pantalón, camisa y zapatos de vestir
Con mi corbata roja favorita del armario.

Caminar unos siete minutos hacia mi destino.
Siempre llegando a las seis cincuenta AM.
Dar los buenos días a las personas al entrar
Y cerrar mis ojos exactamente a las siete.

A las ocho de la mañana empezar a diseñar.
Diseñar y imprimir lo nuevo de la semana
Junto a los folletos que se entregarán a las doce
Y a las nueve y media ayudar con las logísticas.
Mi día seguía con disfrutar mi lonche a la una
Para luego preparar más cosas para las seis.

Al llegar a las seis, ayudar con las logísticas
Para luego despedir a las personas y cerrar el lugar.
Para las diez de la noche acabar mi día
Y empezar a dirigirme a mi casa a descansar.

Normal que yo me sienta así

Las luces de mi cuarto se van poco a poco apagando
Y mis suspiros están cada vez más incrementado.
Como les puedo decir lo que pasa por mi mente,
Cuando cierro mis ojos cansados de tanto llorar.

Me acuesto con la soledad a mi lado
Y no me deja estar ni un momento tranquilo.
Solo puedo sentir mis lágrimas en la almohada
Y el miedo que me acorrala por toda la espalda.

No sé porque no puedo dejar de sentirme así
Y me da miedo decir lo que pasa dentro de mí.
Quizás sea normal que yo me sienta así.

Cuando me sienta sola

Hoy hay llanto en mi cama
Y la luz poco a poco se apaga.
La soledad me hace compañía
Y pienso que cosas de la vida.

Mi almohada mojada de lágrimas,
Como el suelo después de la lluvia.
Me preguntarán si estoy bien.
¿Cómo explicarles que mi llanto viene y va?

Le preguntaré a la estrella que se asoma
Por mi ventana cuando me sienta solo:
¿Qué debo hacer para estar con ella?

Para sentirme anhelado

Se me olvidó respirar
Sin pensar en los demás.
Tantos puentes he pasado,
Pero no he mirado atrás.

Lágrimas he derramado
Impregnando tristeza en mi cuarto.
Abrazando a la soledad me he quedado
Y mis latidos poco a poco acelerando.

Unas pastillas he tomado
Para sentirme anhelado.
Como diablos me siento tan extraño,
Sin saber si algo de mi ha cambiado.

Cuantas veces las paredes me han acorralado.
Mis suspiros han quedado apagados,
Sin poder gritar, ayúdenme.
Sin aliento pa' decir, ayúdenme.
Ayúdenme.

Necesito un abrazo

Hay días que me levanto con ganas de llorar.
Hay días que me duermo con ganas de llorar.
Hay días que me siento de lo peor
Y también hay días que me causan dolor.

Hay días que necesito un abrazo cálido.
Que me digan lo orgulloso que están de mí.
Que me digan que soy suficiente en la vida.
Que me digan lo que necesito escuchar ese día.

Hay días que necesito no pensar en el futuro.
Que me digan no te preocupes por eso.
Que me digan palabras de aliento en los días de lluvia.

Hay días que necesito un lugar seguro,
Poder poner mis sentimientos en una cajita.
Que seguramente muy pronto se inundará
Y ahí será cuando ocuparé sanar estas heridas,
Que no me dejan disfrutar de la vida.

Dile a la vida

Dile a la vida que tengo mucho que dar.
Aún quedan tantas noches largas que andar.
Carreteras viejas que aún quedan por manejar
Y parques temáticos que puedo aún explorar.

Dile a la vida que tengo muchas ganas de amar.
Aún quedan tantas noches con alguien a mi lado estar.
Lugares que de su mano quiero andar
Y tantas lunas llenas por mirar.

Dile a la vida que quedan cosas por mirar,
Aviones destino a Latinoamérica por viajar.
Respirar el café por las mañanas al despertar,
De las casas junto al mar que quedan por rentar.

Dile a la vida que quedan familiares que visitar,
Cumpleañeros que quedan por festejar,
Amigos de la niñez con quien platicar,
Y muchas mascotas por adoptar.

Solo quiero un momento para poder suspirar:
Las batallas difíciles que quedan por pelear,
Las noches desoladas que puedan quedar,
O los días de felicidad que puedan llegar.

Sentimientos de algodón

Yo siempre me enamoro de hombres
Que tienen sentimientos de algodón.
A veces me pregunto dónde estarán,
Aquellos que valen la pena buscar.

Donde encontrare aquellos amores,
Donde encontrare aquellas caricias,
Aquellos abrazos que te enloquecen.

Donde encontrare aquellos besos,
Que saben a miel y son amorosos.
Donde estarán aquellos hombres,
Con los que soñé.
Con los que soñé,
Alguna vez.

Ahora es tarde

El cielo me llora otra vez.
El camino hacia ti es una tormenta pero
No te preocupes que ya voy en camino.
Espero no llegar tarde otra vez.

Yo me aleje de ti sin saber
Que te estuviera viendo por última vez.
No sabes cómo me siento al verte sufrir.
Ahora sé que ya es tiempo para decir adiós.

Ahora es tarde para pedir perdón.
Ahora es tarde para abrazarte una vez más,
Esta distancia no me deja dormir,
Pensando cuantas veces no te visite.

Esta distancia siempre nos separó.
Como me duele no saber de ti
Y ahora ya es tarde,
Para estar junto a ti.

Me da miedo

No sé cómo llegue aquí llorando.
Yo no sé porque me volví a abrir,
Otra vez sabiendo que podrías fallar.
Me fui con una venda en los ojos.

Porque tengo miedo de que me fallen.
Tengo miedo de que me digan, "que no me mereces".
Porque tengo miedo de que me hablen,
Me digas que ya no me quieren,
Y yo que voy a hacer.

No entenderás cuando te diga adiós,
Porque no sabes el daño que me causas.
Cuando me dices, "ven dame un abrazo"
Porque no sabes cómo se siente.

Me dan miedo todas tus promesas,
Porque me fallaste otra vez.
Me da miedo oír otra vez,
Que yo no soy suficiente para ti.

A su tiempo

En el desierto puedes encontrar,
Un millón de estrellas en el cielo.
Aún te pienso en las tormentas
Y en los días más cálidos.

Dicen que el amor es algo inestable,
Que te debes cuidar de él.
Dicen que el amor es algo inevitable,
Que recibes todo lo que tú le das.
Y yo no pierdo la esperanza,
De algún día encontrarte.

Pero todo es a su tiempo, que si lo apresuras...
Te mandará las mariposas, que te pueden engañar.
Pero todo es a su tiempo, no lo puedes comprender.
Hasta que lo conozcas y te abracé en la oscuridad.

En la soltería

¿Cuánto tardarás para llegar a mi vida?
¿Cuántas lunas llenas tienen que pasar?
¿Cuántas noches solas tendré que pasar?
¿Quizás sea otro año de espera para llegar?

Mi Instagram se mira desolado.
Mi estado de Facebook no ha cambiado.
Mis pensamientos en Twitter desordenados,
Y los mensajes de WhatsApp están desolados.
Cuantas canciones de la radio han pasado
Y yo en la soltería de años me he quedado.

Me acerco para mirar el mar,
Veo las olas llevarse cosas de más.
Quizás yo tenga que dejar algunas cosas,
Que ya no sirven y están ocupando tu lugar.
Quizás el destino este atrasando tu andar.
Para enseñarme cómo valorar, lo que ha de llegar
Y no dañar un corazón lleno por amar.

Estos están dedicados

Los que siguen estas dedicados a personas que han marcado mi perspectiva de la vida. Me han enseñado cosas valiosas que me han ayudado a crecer como persona. Y estoy muy agradecido con esas personas. Hay una dedicatoria a una persona que el destino me ha puesto en mi camino, que espero algo bonito ocurra entre nosotros. No me preocupare si no pasa nada como antes lo hacía, como por ejemplo con la chica del 2016.

En tiempos de guerra

En todas las ocasiones
Nos daba aliento y fuerza.
Siempre mostrando una sonrisa,
Incluso en tiempos de guerra.

Las batallas qué pasaba sola,
Siempre las ganaba con alteza.
Un gran ejemplo para los de afuera,
Con su aura radiante de nobleza.

Hoy el cielo ha ganado una gran estrella
Y la tierra pierde una gran guerrera.
La recordaremos por sus mensajes
Que nos daban fortaleza en tiempos de guerra.

Yo sé que algún día la volveré a ver,
Sin miedo de que el tiempo se nos acabe.
La abrazare porque la distancia que tuvimos,
No nos permitió conocernos bien en persona.

Pero siempre la recordaré cuando mire al cielo
Y este una gran estrella viendo a la Tierra.
Sonriere porque voy a saber que es usted.

A la chica del 2016

¿Cómo empezar esta historia sin dejarte como la villana?
Quizás la culpa es mía al contar las cosas de mi vista.

Todo empezó en el teatro escolar un diciembre del 2016:
Con una rosa, 3 frases en una nota, y una desilusión mía.
Quizás la regué por ver estrellas en donde no había
Y pensar que buenos tiempos en el salón era algo más.

Me bloqueaste en todas partes y yo no supe reaccionar.
Me dolía porque pensaba que teníamos algo especial.
Confundí unos buenos tiempos de amigos por algo mas
Y no supe entender esto por más de 5 años.

Que molestia ha de ver sido recibir notas en dos años.
De alguien que quizás no entendía la realidad
Y insistía en crear algo donde ese sentimiento no existía.

A la chica del 2016 le debo una disculpa,
Por incomodarla tanto sin tener ella la culpa.
Y al pasar del tiempo es que entendí,
Como yo arruine una posible amistad sincera.

A la chica del 2016 le deseo lo mejor
¡Gracias por nuestra corta amistad
Y una enseñanza que me ha ayudado a mejorar!

Querido amigo

No entenderás, querido amigo,
Cuando ya no te mande mensajes al despertar.

Dolerá, yo sé que dolerá.
Tantas horas dediqué para escuchar tus conflictos
Y no supiste escuchar los míos.

Siempre te ha sobrado nuestra amistad.
Quizás sólo fui en tu historia,
Un personaje secundario y nada más.

Puede que muy tarde,
Te des cuenta en el silencio del olvido,
Lo que significa ser un amigo de verdad.

Mi pequeña niña fugaz

Mi niña no llores más,
Que las estrellas fugaces volverán.
Mira la noche y espéralas junto al mar,
Para que no se te vayan a pasar una vez más.

En el desierto hay que esperar
Y el cometa fugaz te saludará.
Tu sonrisa lo atraerá
Y en las nubes bailarán un vals especial.

Mi niña no llores más.
La luna en camino está, para contarte cuánto faltará.
Y traerá a las estrellas a animarte una vez más.

Pero recuerda mi niña, para alegrarte de más,
El sol tiene que bajar hacia al mar.
Las estrellas fugaces junto al cometa fugaz,
Te visitarán para que ya no llores más,
Mi pequeña niña fugaz.

Tu casi algo

Hoy me disfracé de tu casi algo
Para ver si así sentías algo por mí.
Pero resultó que tenías a otro casi algo
Que se adueñó del lugar que me tenías reservado.

Que cabrón se siente ser tercera opción de alguien.
De ser una pluma llena de tinta lista para derramarse
A luego ser remplazada por un plumón pronto a secarse.
Pero quizás me equivoqué a sólo ser tu casi algo.

Para la rommie de mi amiga

Le pedí a una estrella fugaz en una noche de verano,
Que cruzara en mi camino una persona para mí.
Con la sonrisa más encantadora de todo el universo
Y al hablar pudiera cautivar las fibras de mi cuerpo.

Ella es como la luna en una noche estelar,
Que ilumina de alegría en donde quiera que ella está.
Me perdí al mirar atentamente sus ojos,
Que me llevaron a sentirme protegido y seguro.
Al juntar nuestras manos por causa del destino,
Las mariposas también pudieron volar a su destino.

Pronto en las nubes terminaré mi castillo.
Donde a mi lado hay un lugar reservado,
Para esa persona que tanto yo he anhelado,
Que aún no tengo el placer de conocer
Pero me tienes más que ilusionado.
Y que por casualidad es la rommie de mi amiga.

Para la marquesita

Gracias a la marquesita por esos días felices.
Por varias tardes pasadas en salas de cine,
Mirando unas películas muy peculiares
Con muchas risas por en medio.

Gracias a la marquesita por enseñarme sobre moda
Que no solo los pantalones ajustados eran mis opciones
Que usar camisas un poco reveladoras está bien
Y agregar unos zapatos negros en mi armario está bien

Gracias a la marquesita por creer en mí.
A ayudarme a salir de mi zona de comodidad.
A compartir comida y bebidas con los demás
Aunque mi misofobia me detenía un poquito a mí.

Gracias a la marquesita por enseñarme nuevas comidas.
Esas tardes donde exploramos nuevos restaurantes
Y yo te enseñaba aquellos lugares que a mí me gustaban.

Gracias a la marquesita por sus consejos,
Que me han ayudado a crecer como persona.
Ella no se limita a decirme cómo mejorar,
Teniendo mucha paciencia conmigo aun cuando la riego.

Gracias a la marquesita por esta valiosa amistad.

Las poesías se escribieron basadas en unas fotografías

Arbolito naranjero

En una mañana con mucha esperanza,
Una hormiguita estaba esperando en una hojita,
A su más confiable amiguita, la oruguita.

Pero la hojita de la ramita se cayó
Y la hormiguita sostenida de la hojita voló
Lejos del arbolito naranjero ella quedó.

En unos segundos la neblina llegó
Y la oruguita apresurada a la ramita llegó
La oruguita esperó en la ramita sin su hojita
Sin saber que la hormiguita lejos voló

La oroguita no pudo despedirse
Y en unos minutos se encerró.
En su un nuevo capullo ella quedó.
Y en unos cuantos días ella salió.

Ahora la oruguita siendo una mariposita
Voló para buscar a su amiguita la hormiguita.
La mariposita encontré a su amiguita,
En una naranjita unos cuantos metros del naranjero

Ellas felices se quedaron charlando en la naranjita
Hasta que el atardecer más hermoso llegara aparecer.

Nuestras Memorias

Me quedare con las buenas memorias de nosotros.
Las veces que iba a almorzar a su casa
Con los productos más saludables y frescos.

Me quedare con las memorias de su jardín.
Varias veces donde arrancaba los tomatitos
Y los disfrutaba por las macetas cerca de la ventana.

Me quedare con las memorias de entrar al gallinero,
Para escoger los huevos para el desayuno.
En mis manos traer los huevos a mi casa de arriba
Para llevárselos a mi mama para cocinar.

Me quedare con esas sonrisas compartidas
En las cenas de navidad en Tijuana,
Con los tamales recién hechos listos para disfrutar.

Me quedare con las memorias en el rancho.
Estar feliz por estar usted con nosotros.
En su silla de madera viendo las montanas
Para luego al atardecer ir juntos a cenar.

9 798224 905218